浅草観音裏のパン屋さん

粉花のおやつ

藤岡 真由美 著

はじめに

焼き菓子は、その姿が可愛らしくて、私は作るのも
食べるのも大好きです。
2008年7月に、小さいころから慣れ親しんだ
浅草観音裏に「粉花」というパン屋さんを
始めさせていただいて、毎日のようにパンや
お菓子を焼く日々です。
作る時間も楽しく、食べて美味しくて、
それを食べた誰かが喜んでくれる、
お菓子やパンには、そんな日常のしあわせが
あるように思います。
お菓子やパン、お料理も、レシピと素材、
生地の扱い方、季節の温度や湿度、
タイミングなど、様々な要素で仕上がりは
その都度変わります。
なので、何度も作りたくなります。

粉の甘みがあり美味しい、存在感が
可愛らしい薄力粉や、ほんのり海の香りが
するキラキラと光る喜界島のきび糖、
大切に育てられた牛たちの味わい深い
牛乳や、バター、生クリーム。
美味しい素材で、美味しいお菓子を。
その喜びをみなさまと分かち合えたら、
うれしいです。

前作同様、ブックデザインは、いつも粉花を
素敵に彩って下さるknvv 熊谷元宏さん、
奥様のケイコさんにも、可愛いイラストを
描いて頂きました。
写真は、雰囲気ある美しい写真を撮られる
鍵岡龍門さんです。
撮影のお手伝いをして下さった落合倫永子さん、
可愛いお花をアレンジして下さった富澤佳代子さん、
いつも優しくリードしてくださった編集の
小野寺弘美さん、
一緒に粉花を運営している妹の恵、
みんなで作ったこの本が、
みなさまのしあわせにつながりますように。

藤岡真由美

浅草観音裏のパン屋さん

粉花のおやつ

＊もくじ＊

↓

材料のこと

この本で紹介するレシピでは、粉花で使っている材料と同じものを使っています。
材料を選ぶときに、気をつけていることは、なるべく身近で手に入るもの、ということです。自分で味わってみて、おいしいと思うものを使っています。
新鮮で、自分がおいしい、好き、と思う材料を選んで、みなさんそれぞれの「おやつ」を楽しんでいただければいいなと思います。

【小麦粉】

国産の小麦粉を使っています。
強力粉は「春よ恋」、薄力粉は
「ドルチェ」です。
「春よ恋」も「ドルチェ」も、粉そのものの
風味や香り、甘さが感じられます。

【きび糖】

鹿児島県喜界島のきび糖をずっと使って
います。袋を開けるとほんのり潮の香りが
するような、キラキラとして美しいお砂糖です。
珊瑚礁が隆起した島で栽培され、
ミネラルもたっぷりなんだなと思います。

【たまご】

ご近所で週に1度、新鮮な
お野菜や果物を売りにくる
八百屋さんのたまごを使っています。
黄身がぷっくりとして味は濃厚で
その美味しさに感動します。
1個の大きさはLサイズくらいです。

【バター】

粉花では、お菓子には発酵バターを
使っています。原料に乳酸菌を加えて
発酵させて作る発酵バターは、香りが
良くすっきりとした味。
発酵バターで作るお菓子は、作っている時から
良い香りです。

【牛乳】

岩手県の山地酪農牛乳を
使っています。近くにあるスーパー
ダイマスさんで、見つけて以来、
ずっとこちらの牛乳です。
山間でのびのびと育てられた
牛の大自然の恵みの濃厚な
牛乳です。

田野畑山地酪農牛乳
http://yamachi.jp/

【塩】

パンにもお菓子にも「粟国の塩」を
使っています。沖縄でていねいに
作られたお塩で、自然の旨味や
甘味を感じる本当においしい
お塩です。

【生クリーム】

南箱根にある丹那牛乳の
生クリームを使っています。
とにかく濃厚で美味しい！
でも変なくどさは残らずすごいです。
限定された酪農家さんが毎日
絞った新鮮な牛乳で作られた
生クリームです。

丹那牛乳
http://www.tannamilk.or.jp

【植物油】

レシピで植物油とあるのは、すべて
太白胡麻油です。風味は変わりますが、
ほかに、なたね油やオリーブオイルでも代用できます。
生の胡麻を絞った太白胡麻油は、胡麻の
栄養分は含まれつつ、特有の香りは
ほとんどしません。
低温圧搾法で作られた油がおすすめです。

【はちみつ】

非加熱か低温処理のものが好みです。
今はニュージランド産のオーガニックポフツカワ
ハニーを使っています。

※レシピのオーブンの温度や時間の表記は、
ガスオーブンのものです。電気のオーブンの場合は、
温度を10度～20度くらい高めにして、様子を
見ながら調整して下さい。

第1章
朝ごはんにも合うおやつ

01

絵本で見たホットケーキを
思い出します。

パンケーキ

パンケーキ

小さめ 8枚くらい

－材料－

・薄力粉 100g
・ベーキングパウダー 小さじ1
・塩 ひとつまみ
・きび糖 大さじ3
・たまご 1こ
・牛乳 80g
・生クリーム 大さじ1
・バター 10g

－下準備－

・バターは溶かしておきます。

－つくりかた－

① 大きめのボウルに薄力粉、ベーキングパウダー、塩、きび糖を入れて、泡立て器でぐるぐる混ぜます。

② そこへたまごを割り入れ、牛乳、生クリームを入れてさらに泡立て器で混ぜます。

③ 最後に溶かしバターを入れて全体に混ぜたら生地のできあがり。 ラップをして、冷蔵庫で 20～30分休ませてもいいです。

④ 厚手のフライパンを熱してから濡れフキンの上に乗せて温度を下げて、バターを薄くひいてから生地を大さじ2杯、丸く置きます。

⑤ 極弱火にして、フタをして4～5分焼きます。

⑥ ひっくり返して、同じようにフタをして1～2分焼いて、できあがり。

① 粉類だけ、最初によく混ぜておきます。

②-1 たまご、牛乳、生クリームの順に加え、その都度、混ぜます。

②-2 泡立て器で、よーく混ぜます。

③ 溶かしバターを最後に入れると生地にツヤが出て、しっとりします。

④ 熱したフライパンをいったん濡れフキンの上で冷ましてから、生地を置きます。

⑤ 表面にプツプツ穴があいてきたら、ひっくり返します。

フライパンは、アメリカのロッジ社のもの。
分厚くて重い鋳鉄製のフライパンです。
熱が均一に伝わり、きれいな焼き色が付きます。

フライパンに入る大きさに切ったベーキングシートの上に生地を
乗せ、シートごとひっくり返す方法もおすすめです。

焼きたてにバターとはちみつで。
生地そのものは甘さが控えめです。

材料の薄力粉は、パンに使う
強力粉にしても、軽い仕上がり。

りんごのスコーン

02

りんごのスコーン　約6こ分

ー材料ー

・りんご1/2こ（1この重さが250g前後のもの）
すりおろして、レモン汁小さじ1をまぶしておきます。

・薄力粉　100g
・全粒粉　100g
・きび糖　大さじ2 1/2
・ベーキングパウダー　小さじ1 1/2
・塩　ひとつまみ
・オーガニックシナモン　小さじ1弱
・発酵バター　55g
・打ち粉（強力粉）適量

ー下準備ー

・オーブンを230度に予熱しておきます。

ーつくりかたー

① ボウルで粉類全部を泡立て器で混ぜます。

② 細かく刻んだバターを加え、指でざっくり混ぜあわせます。

③ りんごを加えて、カードで切るように混ぜます。

④ 生地を長方形にまとめ、打ち粉をした台に乗せます。

⑤ 生地をカードで半分に切って上下に重ね、厚さを2.5cmほどに整えます。カードや包丁で6等分にします。

⑥ クッキングペーパーを敷いた天板に乗せて、予熱したオーブンに入れ、200度で20分焼きます。

⑦ 焼けたらオーブンから取り出して、網やザルの上で冷まして、出来上がり。

＊粉もボウルもバターも冷たい状態で作るのがポイントです。

① 最初に粉類を混ぜます。

② 刻んだバターと粉を指先で手早く
つぶして……。

③ すりおろしたりんごを加えて、
カードでざっくり混ぜます。

④-1 カードとグーの手で生地を
押すようにして……。

④-2 こんな感じにまとめます。バターの
粒がまだ見える感じでOK。

⑤ 厚みを平らに整えて、6等分に切って
オーブンへ。

鬼おろしですりおろすと、

ツブツブのすりおろしりんご。

目の細かい薬味おろしですりおろすと、

ジューシーでなめらかなすりおろしりんご。

✿ すりおろしりんご いろいろ ✿

薬味用の目の細かいもので、すりおろすと果汁がたっぷり出て、
なめらかな すりおろしりんご。
目の粗い鬼おろしでは、りんごの歯ごたえが感じられる
ツブツブしたすりおろしりんごになります。
同じ重さでも、果汁の量でお菓子の質感がしっとりしたり、
さっぱりしたり、変化します。

バターも粉も冷たい状態のまま、が大事です。あまり混ぜすぎず、バターの粒が残る感じ。ザクザクの食感とりんごとバターとシナモンの香り。ブルーチーズとワインとも合うそうです。

03

バターを使わない、
簡単なケーキです。

バナナケーキ

バナナケーキ　18cm × 18cmの角型

ー材料ー

・バナナ　正味　約300g（3本くらいの目安。）
・たまご（Lサイズ）　2こ
・きび糖　120g
・植物油　120g
・薄力粉　70g
・全粒粉　70g
・アーモンドプードル　50g
・ベーキングパウダー　小さじ1
・レモン汁　小さじ1

粉類だけ、ひとつのボウルか計量カップに計っておきます。

ー下準備ー

・型にベーキングシートを敷いておきます。
・オーブンを180度に予熱しておきます。
・生地に混ぜ込むバナナをフォークなどでつぶして、レモン汁をまぶしておきます。
・飾り用のバナナ（分量外。一本分くらい）を輪切りにしておきます。

ーつくりかたー

① 大きめのボウルにたまごを割り入れ泡立て器でほぐしたら、きび糖を2回くらいに分けて加え、もったりするまで泡だてます。
② 植物油を少しずつ加えながら、さらに混ぜます。
③ 粉類を1度にふるい入れたら、泡立て器でグルッと混ぜます。粉っぽさがなくなるまで混ぜます。練らないように。
④ つぶしておいたバナナを加えて、ざっくりとヘラで全体に混ぜ込みます。
⑤ ④の生地をベーキングシートを敷いた型に流し入れて、飾り用のバナナの輪切りを並べて、予熱した170度のオーブンで35分。
⑥ 焼きあがったら、型から出して、網やザルの上で冷まして、できあがり。

下準備 / バナナをつぶして、レモン汁をまぶします。

② たまごときび糖を泡立てたところへ、植物油を少しずつ加えます。

④ 粉類、バナナを加え、ざっくり混ぜます。

⑤-2 飾り用のバナナを並べて、オーブンへ。

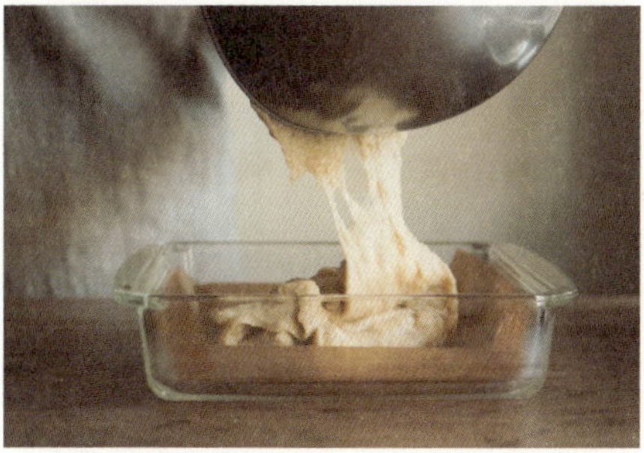

⑤-1 ベーキングシートに敷いた型に入れて…

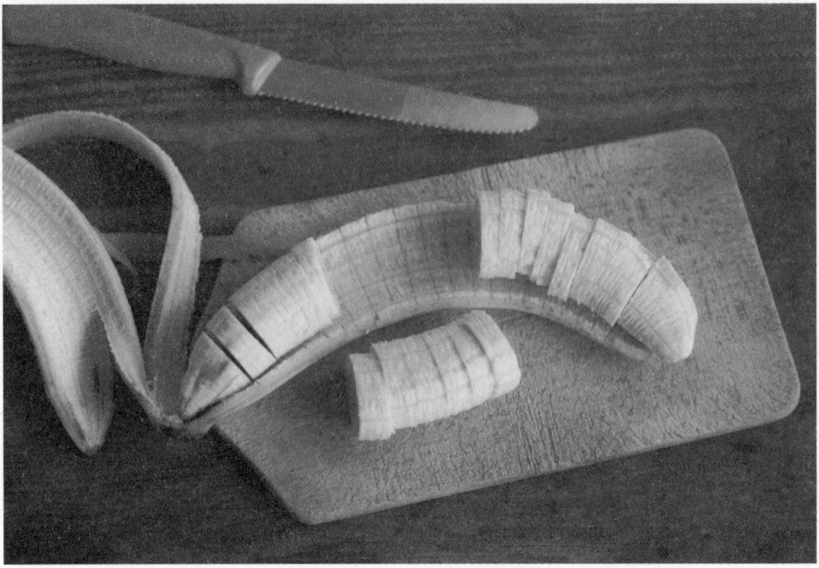

お菓子に使うバナナは、熟しすぎず、ほどよく
おいしいくらいが良いかなと思います。
つぶしたバナナにレモン汁をまぶしておくのは、
色が変わるのを防ぐためと、ベーキングパウダーが
レモンの酸と反応してよく膨むようにするためです。

太陽の光がさんさんとふりそそぐ南国生まれの
バナナは、体を冷やすと言われています。一年中
手に入りやすい果物ですが、お店で出すのは、
暑い夏の時期だけ。
バナナは夏が似合う気がします。

04

おうちで食べる、軽めのおやつ。
朝ごはんにもいいかも、です。

りんごのケーキ

りんごのケーキ

・10cm × 15cm （高さ5cm くらい）
野田琺瑯 のレクタングルなど
・12cm × 6.5cm （高さ6cm くらい）
マトファー社 の ケークドロワ など

－材料－

・りんご（250g くらいのもの）1こ
1/2は イチョウ切り、1/2は すりおろしておきます。
合わせて レモン汁 大さじ1弱をまぶしておきます。

・きび糖 大さじ3
・植物油 大さじ2

・薄力粉 50g
・全粒粉 50g
・ベーキングパウダー 小さじ1
・オーガニックシナモン 小さじ1
・塩 ひとつまみ

－下準備－

・オーブンを180度に予熱しておきます。
・型に クッキングペーパーを敷いておきます。
・粉類だけひとつのボウルや計量カップに計っておきます。

－つくりかた－

① ボウルできび糖と植物油を泡立て器でよく混ぜます。
② 用意したりんごを加え、さらに混ぜます。
③ 粉類をふるいながら②に加え、ヘラで混ぜます。
④ ③の生地を型に入れます。
⑤ 予熱したオーブンの中段に入れ、160度で40分焼きます。
⑥ 焼けたら型から出して、網などに乗せて冷まして出来上がり。

① きび糖と植物油をよく混ぜます。

② イチョウ切りにしたりんごを加えて……。

③-1 粉類も入れて……。

③-2 カードやヘラで混ぜあわせます。

④ 生地を型に入れたら、軽くトントンします。

⑥ 焼き上がったら、網などに乗せて
冷まします。

すりおろしたりんごとイチョウ切りのりんご。
すりおろしたりんごは生地の水分としてケキをしっとりとさせ、
イチョウ切りのりんごはサクサクとした食感を残します。
材料を混ぜていくだけのシンプルなケーキです。

型にベーキングシートを敷く

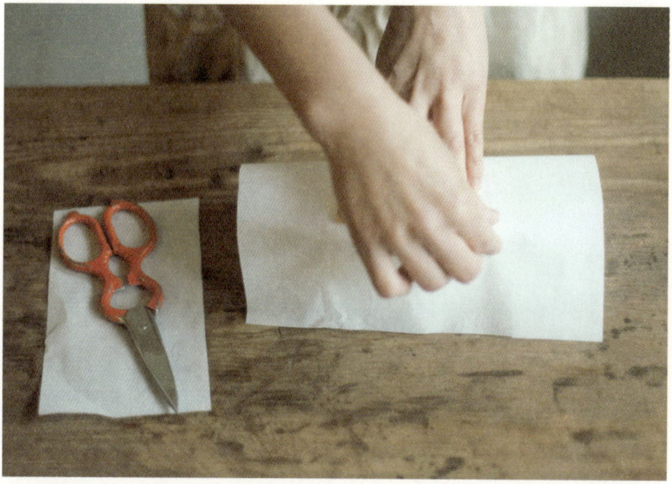

①ひっくり返した型にクッキングペーパーをのせて、
型の四方に折り目をつけます。

②余った部分を切って、

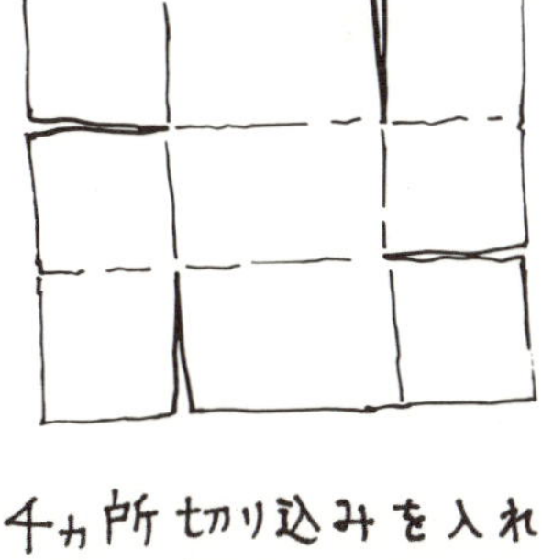

③4カ所切り込みを入れると
クッキングペーパーが型に
きれいにおさまります。

MEMO

- レーズン（軽くひとつかみくらい）、くるみなどを入れてもおいしいです。
- ベーキングパウダーは、かならず新鮮なものを使います。膨らみ方が違います。
- シナモンはオーガニックのものを使います。風味が全然違うので、シナモンが苦手だと思っている人も食べられる場合があります。
- 植物油は、太白ごま油や菜種油、オリーブオイルなどおうちにあるもので。
- りんごの代わりに人参100gのすりおろし、レモン汁の代わりにバルサミコ酢大さじ1/2を入れたケーキ（ほかの材料、手順は同じ）もおいしいです。

第2章
何度も作りたくなる焼き菓子

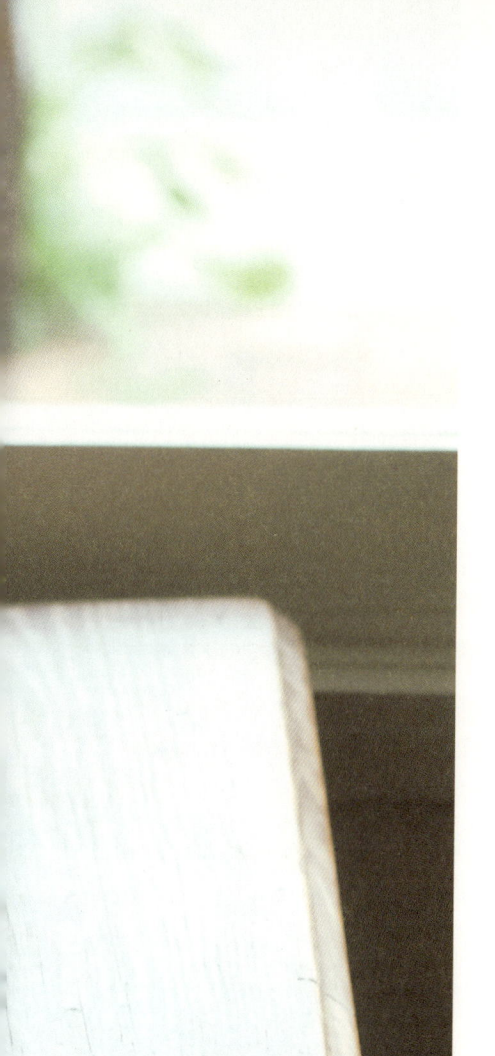

05

バターを使わない、
たまごとミルクの
シンプルなケーキ。

シフォンケーキ

シフォンケーキ

直径20cmのシフォン型1台
（または直径17cmのシフォン型2台）

—材料—

・薄力粉 110g　・牛乳 100g　・植物油 60g
・きび糖 110g　・たまご（Lサイズ）5こ　・塩 ひとつまみ

—下準備—

・薄力粉はふるっておきます。
・大きめのボウルに卵白と卵黄に分けて、卵白のボウルは冷凍庫で冷しておきます。

—つくりかた—

① ボウルに卵黄、きび糖1/3くらい入れて泡立て器でよく泡立て、途中でもう1/3のきび糖を加え、白っぽくふわっとするくらい泡立てます。

② そこへ、植物油を少しずつまぜながら加えます。

③ 油が混ざったら、牛乳を入れて、泡立て器でぐるぐる混ぜます。泡は消えますが、ちゃんと泡立ててあれば大丈夫です。

④ 薄力粉をふるいながら1度に加え、泡立て器でぐるっと混ぜます。

⑤ 卵白のボウルに塩ひとつまみ加えて、泡立て器で泡立てます。少し泡立ったら、残りのきび糖を全部入れ、さらに泡立て、つやのあるメレンゲにします。（ボウルを逆さにしても、泡が落ちてこないくらい）

⑥ メレンゲを泡立て器で1/3くらいすくって④の卵黄のボウルに混ぜ込みます。

⑦ ⑥のボウルにメレンゲを全部入れて、ゴムベラに持ちかえ ふっくら切るように メレンゲの白いスジが見えなくなるくらいよく混ぜます。

⑧ 型に生地を流し入れて、空気を抜くために、型を軽くトントンとして、180度に予熱しておいたオーブンに入れ、160度で45分焼きます。

⑨ 焼けたらすぐに型を逆さまにして冷ましたら型からはずして、できあがり。

① 卵黄ときび糖を泡立てます。泡立て器を持ちあげて、リボン状に落ちた生地の筋が、なかなか消えないくらいが目安。

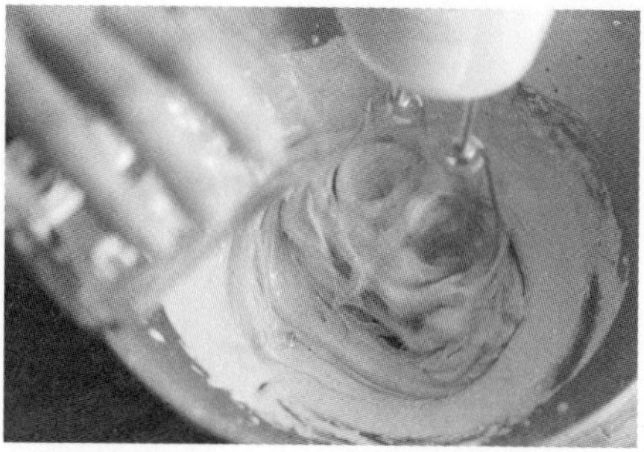

② 植物油を静かに加えて混ぜ、さらに牛乳も少しずつ加えながら混ぜます。

④ ふるった薄力粉を入れ、泡立て器をボウルの底に押しつけるように混ぜます。

⑥ この時は泡がつぶれても大丈夫。しっかりと混ぜることが大切です。

⑦ 混ぜムラが残らないように、しっかり切るように混ぜます。

⑧ 型に生地を流し入れたら、軽くトントンと落として空気を抜きます。

卵白を入れたボウルは冷凍庫へ入れておきます。
作業している数分間でフチがうっすらと凍るくらいになると、
卵白の泡立ちがキメ細かくもこもこ泡立ちます。

卵黄を1こ分、牛乳に入れ、
牛乳と一緒に生地に混ぜると、
卵黄の風味が良く出ます。

お砂糖を入れずに泡立てた生クリームが良く合います。

シフォンケーキは、焼きっぱなしでも
かわいいですが、ゆるく泡立てた
生クリームで デコレーション すると、
華やかな感じになります。

生地の盛り上がって焼けたところをカットして、ナイフを使ってケーキを型から外します。

このレシピで直径20cmのものが1台、直径17cmのものなら、2台焼けます。大きく1台焼くのも良いですし、同時に2台焼くとひとつはプレゼント用に、ひとつは自宅用で味見ができます。

MEMO

・バターを使わないケーキなので、
あっさりしています。

・たまごの美味しさが大切です。
新鮮なたまごを使うと、
よく膨らみます。

・アールグレイの茶葉や、つぶしたバナナ
などを混ぜ込んでも美味しいです。

06

たまごの力で膨らませる
レシピです。

ビスコッティ

ビスコッティ　約12~3本

－材料－

・たまご（Lサイズ）1こ
・きび糖　50g
・薄力粉　120g
・くるみ　70g
・オレンジピール　30g

MEMO
薄力粉100g＋全粒粉20gで
作ってもおいしいです。

－下準備－

・オーブンは180度に予熱しておきます。
・くるみは生のものを170度で10分焼いて冷まし小さく砕いておきます。

－つくりかた－

① 大きめのボウルで、たまごときび糖を、泡立て器で白くもったりとするまでよーく泡立てます。

② ①にくるみとオレンジピールを入れ、ヘラやカードで混ぜ込みます。

③ 薄力粉をふるい入れて、ヘラやカードで混ぜます。ベーキングシートを敷いた天板に生地を出して、薄いなまこ型に調えます。
（指に水をつけながら作業をするとベタベタしにくくてやりやすいです。）

④ 170度のオーブンで20分焼きます。

⑤ 焼けたら網の上などで粗熱をとってから、1cm幅に切ったら、切り口を上に向けて天板に並べます。

⑥ 再びオーブンに入れ、150度で15分焼いて出来上がり。

① たまごときび糖をよーく泡立てます。

② くるみ、オレンジピールを加えます。

③ 薄力粉も入れたらカードなどで
混ぜあわせます。

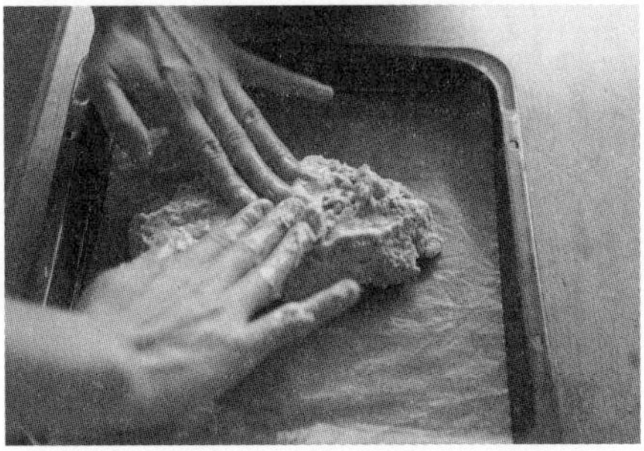

④ 天板の上にベーキングシートを敷いたところへ生地を置き、なまこ型に整えて焼きます。

⑤ 粗熱がとれたら1㎝幅に切って、もう一度、焼きます。

⑥ カリカリの触感が好きな方は、さらにひっくり返して、150度で10分焼いて下さい。

くるみは、一度にまとめてローストして、冷めてから
フリーザーバッグなどに入れて冷凍庫で
保存すると、使う時に便利です。
ナッツ類は油分が悪くなりやすく風味も
変わるので、早めに使い切ります。

一般的なビスコッティよりソフトに焼き上がります。
コーヒーや紅茶、カフェオレと一緒に。

07

新聞紙で作る型で
焼きます。

カステラ

カステラ

15cm × 15cm
(新聞紙で作る型 ⇒ P56参照)

―材料―

・たまご (Lサイズ) 4こ
・きび糖 120g
・はちみつ 大さじ2
・お湯 大さじ2
・強力粉 100g

―下準備―

・新聞紙の型にアルミホイルとクッキングペーパーを敷いておきます。(P56参照)
・たまごは常温に戻しておきます。
・はちみつとお湯を合わせてよく混ぜておきます。
・オーブンを180度に予熱します。

―つくりかた―

① 大きめのボウルにたまごを割り入れ、きび糖も入れます。ハンドミキサーの高速で8分、白くふんわり、もったりとするくらいまで泡立てます。

② はちみつとお湯を合わせたものを加え、中速で1分ほど混ぜる。

③ 強力粉を一度にふるい入れ、低速で1分ほど混ぜて、生地のできあがり。

④ 型に流し入れ、表面の泡をカードの角や竹ぐしなどで取り、オーブンで170度で10分焼いて表面に焼き色を付け、150〜160度に下げて45分焼きます。
途中焦げそうな時は、アルミホイルをかぶせます。

⑤ 焼けたらすぐに、20cmくらいの高さから、型ごと軽く落とし、ピンと張ったラップの上に、上下逆さまにひっくり返します。

⑥ そのまま粗熱をとり、型ごとビニール袋などに入れ一晩おくと、しっとり落ちつきます。

下準備 / はちみつをお湯で溶いておきます。

① ハンドミキサーで8分。少し大変ですが、白くふわっとなるまで泡立てます。

③ 強力粉をふるい入れて……。

④ 生地の表面をカードの角などでなぞるように泡切りします。

⑤-1 焼けたら一度、20㎝くらいの高さから軽く落としておくと、焼き縮みや側面が折れるのを防ぎます。

⑤-2 平らなお盆やお皿の上にラップを敷き、カステラを上下逆さに乗せて粗熱をとります。

生地は写真のように白くふんわりとするまで泡立てます。
冬場で気温が低い場合は、湯煎して泡立てます。
たまごの泡の力でふくらませるカステラです。

焼き上がったカステラの端を切り落としたものは、150度で
15分くらい焼くとサクサクしたカステララスクになります。

自分でカステラが焼けるんだーと、すごく嬉しくて楽しくて、ハマりました。
プレゼントしてもよろこばれます。

MEMO

- 包丁でカステラを切るとき、お湯に包丁をつけながら切ると、切りやすいです。
- はちみつを黒みつにしても、おいしいです。

新聞紙の型のつくり方

折り紙で箱を折る要領で作ります。
（新聞紙4枚使います。）

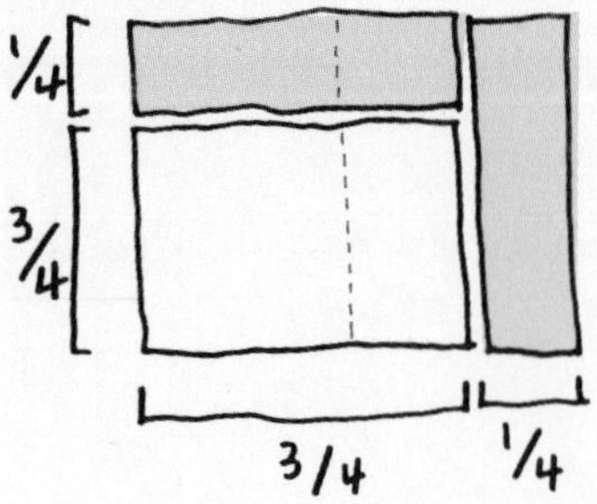

① 新聞紙を2枚重ねて開いて置き、上下・左右1/4ずつ切り取ります。

② 切ったものを縦半分に折ります。

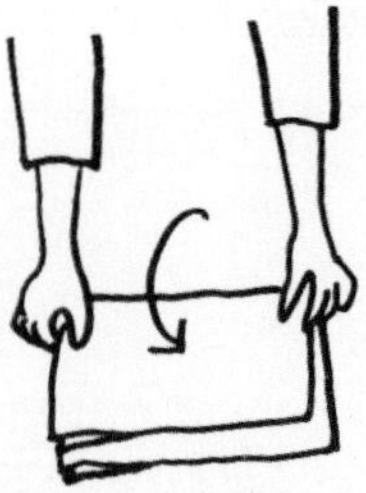

③ さらに横半分に折ります。

④ もう1度、縦半分に折ります。

⑤ 広げて…

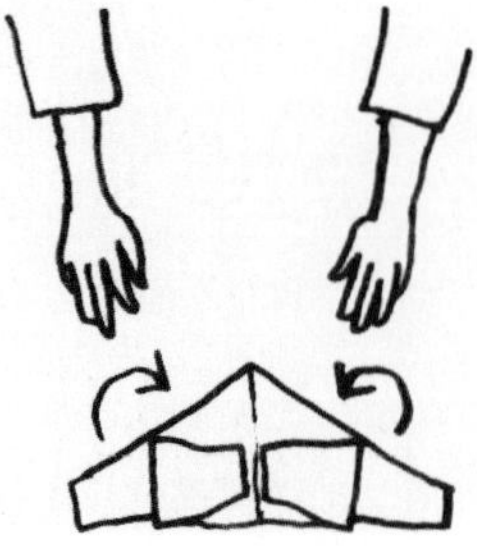

⑥ 中心に向かって左右を折ります。

⑦ 上1/3を折ったら広げて箱型にし、★印をホチキスでとめます。同じものをもう1つ作り、2こ重ねます。

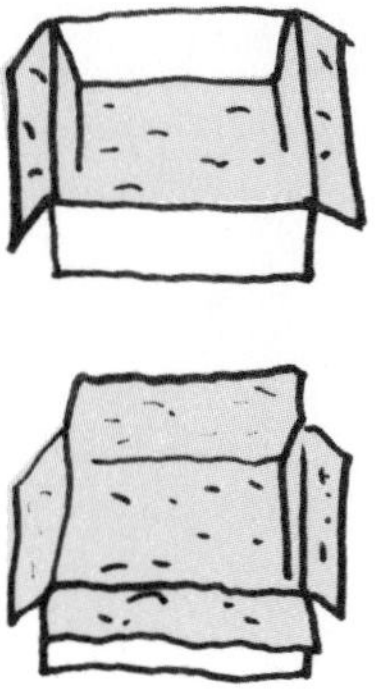

⑧ 箱の幅に合わせて
アルミホイルを2枚切って、
箱の内側に十字に重ねます。

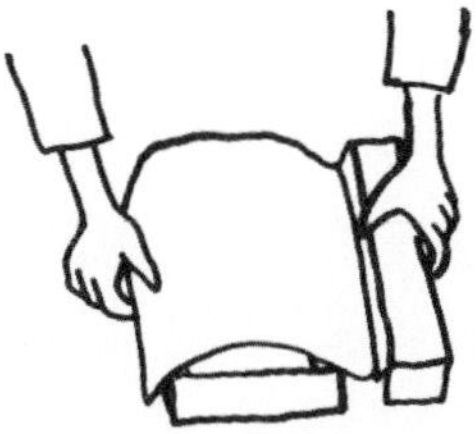

⑨ クッキングペーパーを箱の
大きさに合わせて切り、
四隅に切り込みを入れて
(33ページ参照)箱の
内側に敷き込みます。

Kyoko's instructions for making the box.

08

バターも使わない、
あっさりケーキです。

抹茶のケーキ

抹茶のケーキ

・10cm × 15cm（高さ5cm くらい）
野田琺瑯のレクタングルなど
・12cm × 6.5cm（高さ6cm くらい）
マトファー社 の ケークドロワ など

―材料―

・きび糖　大さじ3
・植物油　大さじ2
・たまご（Lサイズ）2こ
・水　大さじ4

・薄力粉　70g
・きなこ　大さじ2
・抹茶　大さじ1
・ベーキングパウダー　小さじ1
・塩　ひとつまみ

―下準備―

・オーブンを180度に予熱。
・型にクッキングペーパーを敷きます。
・粉類だけひとつのボウルや計量カップに計っておきます。

―つくりかた―

① 大きめのボウルにきび糖、植物油を入れて、
泡立て器でよく混ぜます。

② ①にたまごを割り入れたら、白身を切るように、
たまごと油がなじんで白っぽくなるまで
泡立て器でよく混ぜます。

③ お水を加え、さらりと混ぜます。

④ 粉類をふるいながら、一度に加えて、
泡立て器でグルグルと軽く混ぜます。

⑤ ④を型に流し入れたら、160度のオーブンの中段
で20分焼きます。

⑥ 焼き上がったら、粗熱がとれたら型からはずして、
網などに乗せて冷まして、できあがり。

① きび糖、植物油をよく混ぜます。

② たまごと油がよくなじんで白っぽくなるまで泡立て器で混ぜます。

③ お水を加え、さらりと混ぜあわせます。

④-1 粉類をふるいながら一度に入れます。

④-2 粉っぽさがなくなるまで、泡立て器で混ぜます。

⑥ ベーキングペーパーを敷いた型に生地を入れ、オーブンへ。

抹茶の香りのケーキには、
あんこと牛乳がよく合います。
甘さが控え目であっさりして
いるので、厚目に切って、頂きます。

抹茶のこと

材料の抹茶は、製菓材料店などで売られている
有機栽培の抹茶が手に入りやすいと思います。
友人がお母さまと営まれている「北村茶園」さんの
有機栽培の粉末緑茶「てっぺん粉茶」を
私は使っています。
お父さまが佐世保の山中で、偶然、お茶を作っている
おじいさんに出会い、おいしさに感動して販売することに
したそうです。
童話のような物語ですが、そのおいしさは、
農林水産大臣賞など、数々の賞を受賞されるほど。
有機栽培で大切に育てられたお茶は香りが良く、
粉花でも「抹茶とホワイトチョコのスコーン」で使っています。

パイ生地の中にプリンを焼いたような
大好きなお菓子です。

エッグタルト

09

エッグタルト

直径5cmくらいの
マフィン型6こ分

まずは簡単なパイ生地を作ります。
キッシュの台にしても美味しいです。

❀パイ生地❀

ー材料ー

・薄力粉 60g　・バター 50g
・強力粉 50g　・冷水 50g
・塩 ひとつまみ

ー つくりかた ー

① 粉類と塩をボウルに入れ泡立て器でよく混ぜたところへ、細かく刻んだバターを加え カードで切るように混ぜます。

② 冷水を3回くらいに分けて加え、その都度、粉となじませるようにカードで切り混ぜます。

③ グーにした手で生地をボウルに押しつけるようにして生地をまとめていく。

④ ひとまとまりになった生地を、カードで半分に切っては重ねて押しつぶすようにして、5〜6回繰り返す。

⑤ ラップにピッチリ包んで、冷蔵庫で1時間〜1晩寝かせる。

＊ 強力粉がなければ薄力粉100％（中力粉の地粉でも）大丈夫です。強力粉が入るとさっくりします。

①-1 粉と塩だけを、まず混ぜて……。

①-2 バターと粉類をカードで手早く
切るように混ぜます。

② 冷水を3回くらいに分けて加え、
その都度、カードで混ぜます。

③ 手の温度を生地に伝えないように、
グーの手で手早く生地をまとめます。

④ ボウルの中で生地を切っては
重ねる作業を繰り返します。

⑤ ラップでぴっちり包み、
冷蔵庫で1時間～1晩。

マフィン型やプリンの型に生地を敷いて、オーブンで
焼きます。生地はサクサクに焼き上がります。

タルト生地を2~3mmの厚さになるように伸ばします。
打ち粉は強力粉。
さくさくの生地になりますように。

プリン液が、かわいく美味しそうに焼き上がりました。
いくつでも食べられそう。

MEMO

・パイ生地は冷凍することができます。
ラップに包んでからフリーザーバッグに入れて、
冷凍庫へ。冷蔵庫で解凍してから使います。

・生地に油脂分が多いので、
型にバターなど油を塗らなくて大丈夫です。

エッグタルト

直径5cmくらいの
マフィン型6こ分

パイ生地のつくり方はP.66参照

＊たまごの生地＊

ー材料ー

・牛乳　80g
・きび糖　大さじ2
・生クリーム　50g
・卵黄　2こ分
・薄力粉　大さじ1

ー下準備ー

オーブンを200度に予熱。

ーつくりかたー

① 小鍋に牛乳ときび糖を入れ、火にかけて少し温めてヘラで混ぜてきび糖を溶かします。

② 火を止めてから、生クリームを入れて、混ぜます。

③ ボウルに卵黄と薄力粉を入れ、泡立て器で混ぜます。

④ ②に③を入れ、よく混ぜあわせます。たまご生地のできあがり。

⑤ パイ生地を麺棒で2〜3mmの厚さに伸し、直径10cmくらいに切り抜いてマフィン型に敷きます。

⑥ たまご生地を型の7分目くらいまで注ぎ入れます。

⑦ 190度で25分焼きます。焦げやすいので注意します。（温度を下げたり、アルミホイルをかぶせたりします。）

⑧ 焼けたら、型からはずして、網の上などで冷まします。

＊ 焼きたての熱々でも、冷めてからでも美味しいです。

② きび糖が溶ける程度に牛乳を温めて、
火を止めてから生クリームを加えます。

④ 卵黄と薄力粉を混ぜたら、
②とよく混ぜる。

⑤-1 冷蔵庫で休ませておいたパイ生地を
薄く伸ばして丸く切りぬく。

⑤-2 型の底に生地をきっちり入れます。
型にバターは塗らなくて大丈夫。

⑦-1 パイ生地を入れたマフィン型を
天板に並べて……。

⑦-2 たまご生地を型の七分目まで入れます。

10

季節の果物たっぷり。
さくさくのタルト。

いちじくのタルト

いちじくのタルト　18cmのタルト型1台

✿タルト生地✿

－材料－

・薄力粉　110g
・バター　65g
・きび糖　小さじ1弱
・塩　ふたつまみ
・卵黄　1/4（約5g）と水を足して45g
・打ち粉用　強力粉

－下準備－

・薄力粉ときび糖と塩を合わせてふるい、ボウルに入れて冷凍庫で冷やしておきます。

・バターは室温にもどし、泡立て器でなめらかに練っておきます。

・卵黄と水を合わせて冷蔵庫で冷やしておきます。

－つくりかた－

① 冷やしておいた粉類を、なめらかにしたバターに入れて、泡立て器で上下左右にトントンと動かして、バターを粉の中でサラサラに細かくします。

② ゴムベラに持ち替えて、さらにバターの粒が細かくなるように切る様に混ぜます。
（バターが溶けてきたら、冷蔵庫で冷やしながら混ぜていきます。）

③ 冷たい卵黄と水を混ぜたものを、全体に散らすようにして加え、ゴムベラでひとまとめにします。

④ 打ち粉をした台などにとり出して、手で平たい丸型に整えて、ラップでピッチリ包んで、冷蔵庫で1晩寝かします。

下準備 / 卵黄1/4と水を混ぜあわせて冷やしておきます。

①-1 鉛筆を持つように泡立て器を持って、トントンとしながらバターと粉をこまかくします。

①-2 なめらかに練っておいたバターが冷たいボウルと粉の中でサラサラと細かくなります。

③-1 卵水を散らすように加えます。

③-2 生地をこねないように、まとめます。

④ 丸いタルト型に伸ばしやすいように、平たい丸型にして生地を休ませます。

6等分〜8等分くらいにくし切りにしたいちじくを、きっちり詰めます。
形のキレイなものを外側に並べ、小さめのものは中央に乗せるときれいです。
いちじくの果汁を、下に敷いたアーモンドプードルが吸って、美味しくなります。

いちじくは初夏のフルーツ。
焼くと甘みや風味が増して美味しいおやつになります。

MEMO

・いちじく以外では、りんごやバナナ、洋なしやあんず、桃のシロップ漬を乗せても美味しいです。

いちじくのタルト

ー組み立てー

✿アーモンドクリームの作り方（P130）を参照に作ります✿

・アーモンドプードル	50g	・たまご	1こ
・バター	50g	・ラム酒	小さじ2
・きび糖	50g	・いちじく	2こ〜3こ（くし切り）

＊オーブンを200度に予熱しておきます。

①タルト生地を打ち粉をした台に出し、麺棒でたたいてから伸ばして
厚さ3mmくらいの円形にします。
（型よりひと回り大きいサイズに伸ばします。）

②生地を麺棒に巻きつけるようにして、
底にバターを薄く塗ったタルト型に乗せます。
底面と側面にピッタリと密着させ、
上から麺棒を転がして余分な生地を切り落とします。
焼き縮みを考えて、タルト型の側面は生地を押しつけるように
して、型から1〜2mm高さを出します。

③底にフォークで穴を開けて、ラップをして
冷蔵庫で1時間休ませます。

④180度のオーブンで20分焼きます。ふくらまないように、
ベーキングシートを敷いてから18cmの丸いケーキ型を重ねるか、
小豆や、タルトストーンで重しをして焼きます。

⑤焼けたら重しをはずして、網の上などで冷まします。

⑥タルト台が冷めたら、上にアーモンドクリームを乗せて、
くし切りのいちじくを並べます。

⑦オーブンに入れて180度で45分くらい焼きます。
途中焦げそうでしたらアルミホイルを被せます。

⑧焼けたら、型からはずして、できあがり。

①　冷えて固くなったタルト生地を麺棒で真ん中、上、下と押すようにしながら伸ばします。

②-1　伸ばした生地を型に乗せ、まず底面をきめたら、次に側面を少しずつ密着させます。

②-2　焼き縮みするので、タルト型の側面の生地は指でつまむようにして、少し大きくしておきます。

④　タルト型と同じ18㎝の型があれば、ベーキングシートを敷いた上に重ねて焼きます。

⑥-1　アーモンドクリームを平らに乗せます。

⑥-2　くし型に切ったいちじくをアーモンドクリームの上に並べます。

11

フランス.ブルターニュ地方の
プリンのような焼き菓子です。

ファーブルトン

ファーブルトン　18cmの丸型1台

−材料−

・薄力粉 80g
・きび糖 80g
・塩 2g
・たまご（Lサイズ）3こ
・牛乳 400ml
・ラム酒 大さじ1弱
・干しあんず 5〜6こ ぐらい

−下準備−

・型にバターを、たっぷりめに塗っておきます。
・前日からりんごジュースに漬けた干しあんずを半分に割りながら、型に並べておきます。
・オーブンを180度に予熱しておきます。

−つくりかた−

① 薄力粉ときび糖と塩をボウルに計り入れ、泡立て器で混ぜあわせます。
② ①にたまごを割り入れ、真ん中からぐるぐる混ぜます。
③ そこへ、牛乳を入れ、泡立て器をボウルの底につけて、混ぜあわせます。
④ 最後にラム酒を入れて、ひとまぜ。
⑤ 用意した型に、生地をこしながらそっと注ぎます。
⑥ オーブンに入れて、180度で60分焼いて
⑦ 粗熱がとれたら型から外して、できあがり。

下準備1 / 型にバター（無塩）をたっぷり塗っておきます。

下準備2 / りんごジュースに一晩漬けておいた干しあんずを型に並べます。

② 粉と卵を混ぜて……。

③ 牛乳を加えたら、泡立たないように、ぐるぐる……。

④ 生地の仕上げにラム酒で香りづけ。

⑤ 生地をこしてなめらかにして型に入れます。

小さなココット型やタルト型で
焼いても可愛いです。
ココットやマフィン型で30分ぐらい、
焼き時間は短か目にします。

冷たくても少ししまった感じで美味しいし、温かくて少し
フルフルしたうちに頂いても、美味しいです。

MEMO

・本場ではプルーンやりんごを入れることが多いようですが、
私は、あんずで作っています。バナナを入れても美味しそう。

・焼けた外側は厚いクレープのようで、真ん中はムッチリした
感じです。

第3章
粉花で出会える焼き菓子

12

粉花で、毎年りんごの季節に焼く
アップルパイのレシピです。

アップルパイ

アップルパイ　20〜21cmのパイ皿1台分

パイ生地、りんご煮、それぞれ用意してから組み立てます。

＊パイ生地　P.94を参照に用意します。

❀りんご煮❀

ー材料ー

・りんご　1kg
・きび糖　100g
・バター　10g
・レモン汁　大さじ2

ー下準備ー

・りんごは皮をむいて、芯をとり、6〜8等分のくし切りにしておきます。

ーつくりかたー

①厚手の鍋を中火にかけてバターを溶かし、きび糖を入れて木ベラで混ぜます。

②りんごを入れ、焦げないように混ぜ続けます。

③りんごの水分が出てきたらレモン汁を加え、途中大きく混ぜながら12分ほど煮ます。

④水分が少なくなったら、できあがりの目安です。

⑤ザルにあけて、汁気を切って冷まします。

りんごは強めの中火で煮ていきます。
火が通り過ぎないように気をつけて。
熱の伝わり方がやわらかく均一な
厚手の鍋を使っています。

✿アップルパイの組み立て✿

―下準備―

・オーブンを230度に予熱しておきます。

―つくりかた―

① P.94のパイ生地の、半分を打ち粉をした台に乗せ、
もう半分は、ラップに包んで冷蔵庫に戻しておきます。

② パイ皿よりひとまわり大きく生地を伸ばします。

③ 生地をパイ皿に乗せ、そこへりんご煮を平らに乗せます。

④ パイ生地のふちに溶きたまごを塗ります。

⑤ 残りの半分も同じように伸ばします。

⑥ ⑤を④に乗せて、ふちを手で押さえてつけます。

⑦ まわりのパイ生地を、一周巻き込むようにとめます。

⑧ 溶きたまごをハケでパイの表面にうすく塗ったら、
ナイフで模様を入れます。

⑨ オーブンに入れ、200度で10分、その後180度に
下げて、35分焼きます。

⑩ 焼けたら、網の上で冷まして、パイ皿から
取りはずします。

② パイ皿よりひとまわり大きく
パイ生地を伸ばします。

④ りんご煮をのせたら、フチに
溶きたまごを塗ります。

⑥ 伸ばしたもう一枚のパイ生地を上にのせ、
フチを押さえてくっつけます。

⑦ パイ皿のまわりの生地を内側に
巻き込みます。

⑧ 生地を切らないようにナイフで
たまごを塗ったパイ生地の表面に
模様を描きます。

パイ生地のつくりかた

ー材料ー

・強力粉 50g
・薄力粉 150g
・塩　小さじ1/2
・きび糖 小さじ1
・バター 150g
・冷たいお水 100g
・打ち粉　強力粉　適宜

ー下準備ー

・大きめのボウルに粉類を入れ、1.5cm角に切ったバターを入れ、ボウルごと冷蔵庫で冷しておきます。

ーつくりかたー

① 冷しておいた粉類とバターに冷水を3回に分けて加え、カードやヘラで混ぜます。

② バターに生地がからまる感じになったら、グーにした手で、生地をボウルに押しつけるようにしてまとめます。

③ ボウルの中で、生地を2つに切って上下に重ねます。それを3回繰り返します。

④ 生地をラップでぴっちり包み冷蔵庫へ。1時間〜1晩、寝かせます。

⑤ 打ち粉をした台で生地を麺棒で横20cm×縦50cmほどに伸ばします。

⑥ 縦に3つ折りにし、90度回して、同じように伸ばし、3つ折りします。

⑦ 生地をラップに包んで冷蔵庫へ。1時間くらい冷やしたら、⑤⑥の作業をします。(3つ折りは全部で4回です。)

⑧ 生地をラップに包んで1時間から一晩冷蔵庫で寝かせます。

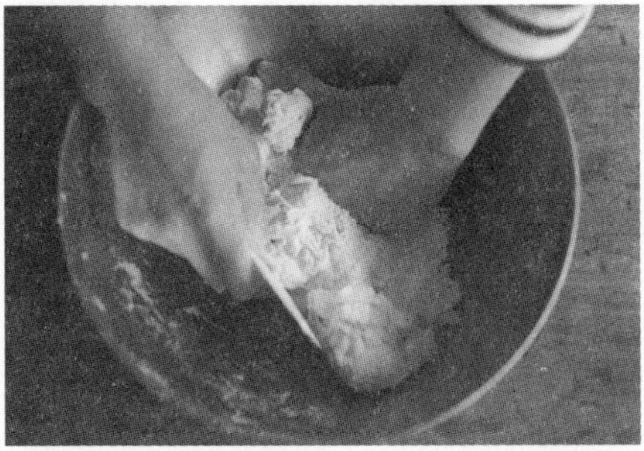

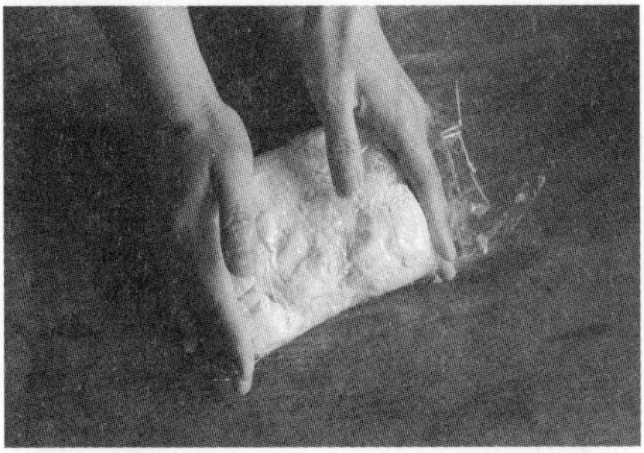

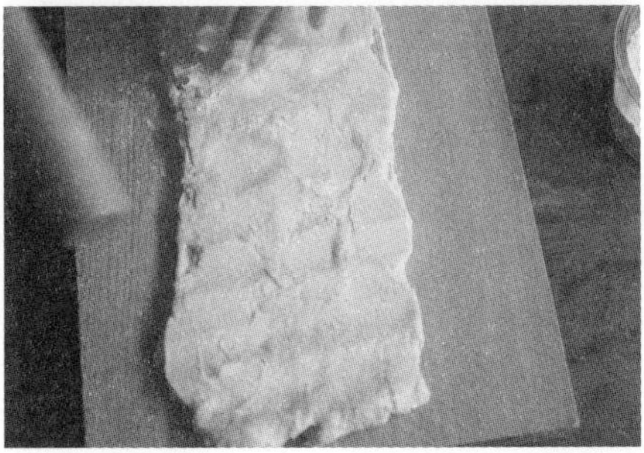

MEMO

・パイ生地は材料が全部冷たい状態で作ります。

・バターが溶けてきたと感じたら、すぐに冷蔵庫に入れて冷やしながら作業を続けます。

・できたパイ生地は冷凍して保存できます。使う時は冷蔵庫で解凍してから。前日の夜に冷蔵庫に移動して、朝には使えます。

13

ひんやり冷たくして
いただきます。

チーズケーキ

チーズケーキ

直径18cmの丸型（底が抜けるタイプ）

―材料―

・クリームチーズ	400g	・コーンスターチ	大さじ3
・きび糖	160g	・生クリーム	200g
・たまご（Lサイズ）	3こ	・ラム酒	大さじ1

―下準備―

・型にバターをうすく塗ってから、クッキングペーパーを敷いておきます。
・湯せんに使うお湯を沸かしておきます。
・オーブンを180度に予熱しておきます。
・型の底をアルミホイルで包んでおく。（湯せんのお湯が入らないように。）

―つくりかた―

① 室温に戻したクリームチーズときび糖を、ハンドミキサーか泡立て器でクリーム状になるまで、すり混ぜます。
② たまごを1つずつ加えて、その都度よく混ぜます。
③ さらにコーンスターチも加え、よく混ぜます。
④ 生クリームを加え、生地がもったりクリーム状になるように泡立てます。最後にラム酒を加えて、軽くひと混ぜします。
⑤ できた生地を目の細かいザルなどでこしながら型に入れます。
⑥ 型がすっぽり入る大きさの容器や天板に型を入れ、型の高さの半分くらいまでお湯を注ぎます。
⑦ 予熱したオーブンに入れ、160度で60分焼きます。
⑧ 焼きあがったら、そのままオーブンの中で冷まします。
⑨ 冷めたら型から外し、ラップに包んで冷蔵庫で冷して、できあがり。

下準備 / 型にバターをうすく塗って
ベーキングシートを敷いて
おきます。

① クリームチーズときび糖を
すり混ぜます。

③ コーンスターチを加えます。

④ ラム酒で香りづけ。

⑤ ザルやこし器で生地をこして、
なめらかに。

⑥ 型の高さの半分くらいまで
お湯を注ぎ、オーブンへ。

生地をしっとりと焼きあげたいので、湯せんをして蒸し焼きにします。
底が抜ける仕組みの型を使うので、底の隙間からお湯が入らないように、
型の全体をアルミホイルでおおってしまいます。

オーブンの庫内で冷めた生地を型から外す時、まだケーキがほわほわしているので、注意が必要です。私はいつも型よりも高さのある安定した器の上にケーキを型ごと乗せて、まわりの型枠をそっと、下にずらすようにして外します。できたてのケーキが、ほわほわしていてかわいい。

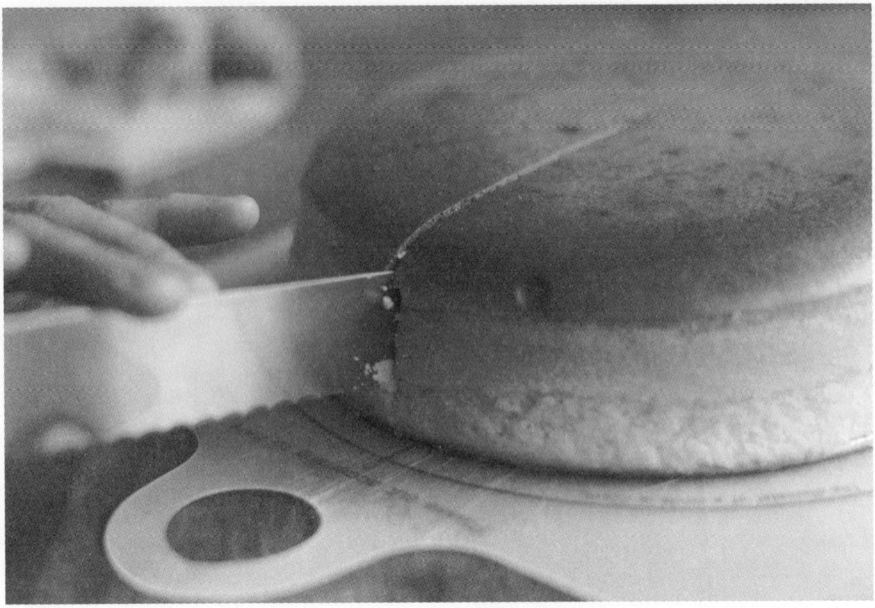

型から出したばかりのチーズケーキは、スフレっぽくて、プリンのような
味わい。この時に食べてもやわらかくておいしいです。
ラップでぴっちり包んで冷蔵庫で冷やすと、ふわふわの
生地がしまって、しっとりどっしりの別のおいしさ。
冷蔵庫で2〜3日、十分に日持ちします。

粉花のカフェスペースで、チーズケーキがある時は冷たく冷やした
ものをお出ししています。暑くない時季は箱にお入れして、
お持ち帰りもして頂いています。
(保冷剤、保冷バッグをご持参して頂ければ、暑い時季でも
お渡しすることもできます。)

14

紅茶によく合う
マフィンです。

あんずのマフィン

あんずのマフィン

直径5cmくらいの
マフィン型5こ分

ー材料ー

・発酵バター 60g
・きび糖 60g
・たまご(Lサイズ) 1こ
・薄力粉 110g
・ベーキングパウダー 小さじ1
・生クリーム 大さじ2
・干しあんず 2〜3こ

ー下準備ー

・前日にあんずを湯通しして、りんごジュースに漬けておきます。
・りんごジュースを吸って大きくなったあんずの、汁気を切り、はさみなどで小さく切っておきます。
・オーブンを180度に予熱しておきます。
・ボウルにバターを計り、室温に戻しておきます。
・マフィンカップにマフィン用のベーキングカップを敷いておきます。

ーつくりかたー

① 室温に戻したバターに、きび糖を入れ、泡立て器ですり混ぜます。
② そこへたまごを割り入れ、よく混ぜます。
③ 生クリームを加えて、さらに混ぜます。
④ 薄力粉とベーキングパウダーをふるい入れ、ヘラで全体をさっくり混ぜます。
⑤ できた生地をマフィンカップの半分くらい入れて、小さく切ったあんずを乗せ、その上に残りの半分の生地を入れます。
⑥ 予熱しておいたオーブンに入れて170度で25分焼きます。
⑦ 焼けて粗熱が取れたら型から出して網などの上で冷まします。

① バターときび糖をすり混ぜます。

② たまごを加え、よく混ぜあわせます。

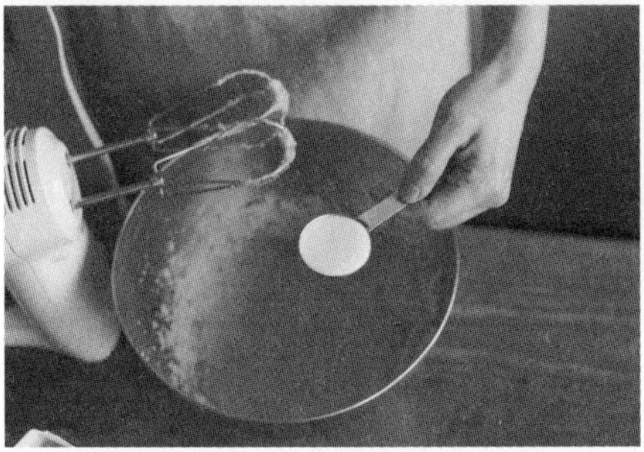

③ 生クリームを加えてたら、
さらに混ぜて……。

④-1 粉類をふるい入れたら……。

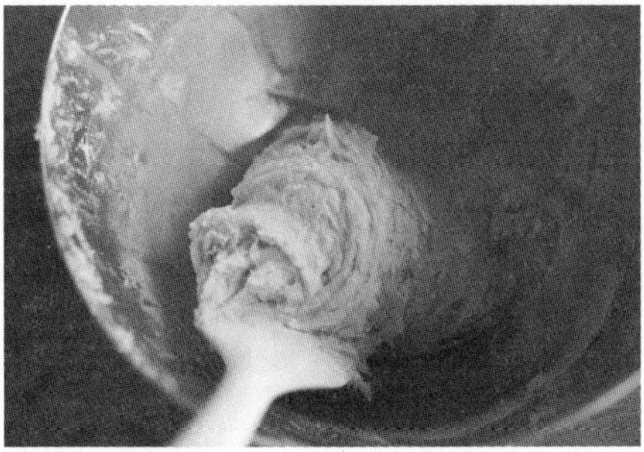

④-2 ヘラで混ぜあわせます。

⑤ カップに生地、あんず、生地と重ねる
ように入れたら、オーブンへ。

✿もうひと手間かけた、つくりかた✿

つくりかた③の生クリームを半量の大さじ1を入れて混ぜ、粉類を半量入れたら、ヘラに持ちかえて、生地と粉類をさっくり混ぜます。
残りの半量の生クリーム大さじ1を加え、ヘラで混ぜ、粉類を全部入れて、さっくり混ぜます。こうすると、生クリームと生地がよくなじむ感じがします。
丁寧につくる時は、この方法も試してみて下さい。

生クリーム

材料の生クリームは大さじ2。
牛乳大さじ1でも作れますが、
しっとり感がちがいます。
ぜひ美味しい生クリームで
作ってみて下さい。

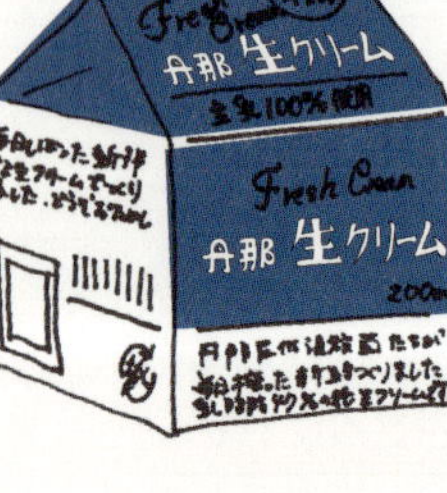

干しあんず

マフィンを作る前の日から、干しあんずをりんごジュースに漬けておくと、
りんごの風味も加わって、ふっくらおいしいあんずになります。
りんごジュースに漬けたまま、冷蔵庫で保存できます。そのまま、
おやつにしても。ファーブルトンに入れたり、ほかのおかし作りにも便利です。

マフィン型

熱伝導もよく、形がキレイに焼けるので、金属の型を使っています。
アルミのプリカップで焼くこともあるし、アメリカ製の鋳鉄のマフィン型も
持っています。重いので、あまり出番はありませんが、格好良い佇まいで
雰囲気があります。

マフィンが焼き上がったら、型から外してザルなどに乗せて冷まします。まだ少し温かい冷めたての時は、まわりがサクサクして中はふわふわ、ほんのり温かくて止まらない美味しさですが、我慢してビニールやラップに包んで翌日までとっておいたものも中がしっとり落ちついて、良い感じになります。

焼くのも食べるのも
大好きなケーキです。

15

フルーツのパウンドケーキ

フルーツのパウンドケーキ

18cmのパウンド型1個
（または12cmのパウンド型2こ）

－材料－

・薄力粉 100g
・全粒粉 20g
・きび糖 100g
・発酵バター 100g
・たまご（Lサイズ）2こ
・塩 ひとつまみ

レーズン（ラム酒に一晩漬けたもの）120g
オレンジピール 20g
いちじく 3個（オーガニックのセミドライタイプのもの）

－下準備－

・レーズンは前の晩にラム酒に漬けておきます。
・レーズンとオレンジピールを合わせて、ザルに乗せて汁気を切っておきます。
・（レーズンを漬けておいたラム酒は後で使うので分けておきます。）
・いちじくは半分にちぎっておきます。
・うすく切ったバターをボウルに入れて、湯煎して、溶かしておきます。
・型に溶かしバターを塗って内側に強力粉をまぶし、冷凍庫に入れておきます。
・オーブンを180度に予熱しておきます。
・粉類をひとつのボウルに入れておきます。

ーつくりかたー

① たまご、きび糖ひとつまみを泡立て器で泡立てます。少し泡立ってきたら湯煎にかけて、残りのきび糖を2回くらいに分けて加え、白っぽくなるまでしっかり泡立てます。

② 溶かしバターのボウルに①で泡立てたたまごを1/3くらい入れて、泡立て器でよーく混ぜます。

③ ②を①のボウルにフチからそっと入れます。

④ 粉類をふるいながら1/3くらい入れ、底からすくうように軽く（10回くらい）混ぜます。

⑤ まだ粉が残っているくらいで残りの粉を半分くらい入れ、その上に水気を切ったレーズンとオレンジピールをパラパラと乗せ、さらに残りの粉全部をふるいかけます。

⑥ レーズンたちに粉をまぶすように、ヘラでボウルの底から混ぜます。

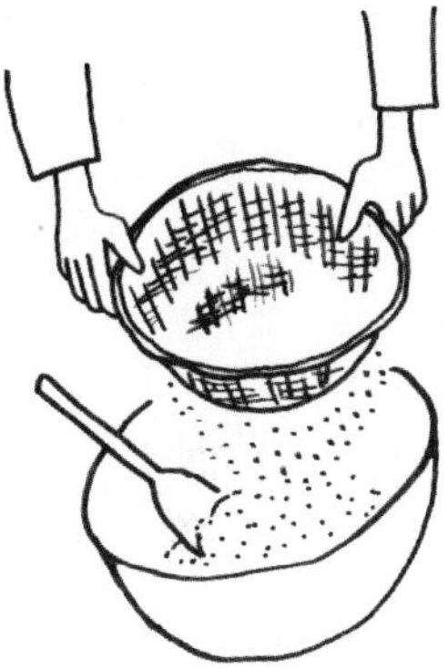

⑦ 全体によく混ざったら、型に流し入れ、上からいちじくを入れ込みます。

⑧ 予熱しておいたオーブンに入れて、160度で45分焼きます。

⑨ 焼けたら、オーブンから出してすぐに、型ごと台にトンと打ちつけます。

⑩ 熱いうちにレーズンを漬けておいたラム酒を表面に塗り、粗熱がとれたら、型から出して、ハケで全体に塗ります。

⑪ すぐにラップで全体を包んで、冷まします。

ーつくりかたー

①-1
湯煎にかけながら泡立てるのは、きび糖を溶かすためと、泡立ちやすくするため。白っぽくもったりしてきて、もういいな〜と思ったところから、もう少し泡立てるといいです。生地を触ってみて、温度が高くなりすぎていたら、湯煎をはずしてください。

①-2 持ちあげた生地を落としたとき、リボン状に重なって筋が消えにくいくらいが泡立て完了の目安。しっかりと、こんもり泡立っていることが大事です。

④ きび糖とたまごを泡立て、溶かしバターと生地1/3を混ぜたところに粉類1/3をふるい入れて、ヘラで底からすくうようにして軽く混ぜます。

⑤-1 粉類の残りの半分くらいもふるい入れたら……。

⑤-2 粉の上にドライフルーツを乗せ、残りの粉全部を上からふるいかけ……。

⑥ レーズンたちに粉をまぶすようにボウルの底から生地全体を混ぜます。

⑦ 生地を型に流し入れ、半分にちぎったいちじくを上から入れこんで、オーブンへ。

⑩-1 焼き上がったら、すぐにレーズンを漬けておいたラム酒をケーキの表面にハケで塗ります。

⑩-2 粗熱が取れたら型からはずしてケーキ全体にラム酒をたっぷり塗ります。

⑪ すぐにラップでピッチリ包んで、香りと蒸気を閉じ込めます。

MEMO

- ゆるく泡立てた生クリームや、オーガニックシナモンが良く合います。
- こっくりしたものが欲しくなる、秋から冬が似合うお菓子です。
- 常温で1週間くらい日持ちします。(真夏以外です。)
- ドライフルーツやナッツなど具を入れないプレーンなパウンドケーキも、シンプルな味わいで、とても好きです。

16

チョコレートたっぷりの
濃厚なケーキ。

チョコレートケーキ

チョコレートケーキ　18cm×18cm の角型

ー材料ー

・製菓用 オーガニックミルクチョコレート　120g

・発酵バター　80g

・たまご（Lサイズ）2こ

・きび糖　60g

・薄力粉　70g

・オーガニックココア　20g

・塩　ひとつまみ

・ラム酒　大さじ1

・飾り用 の チョコレート 60g

ー下準備ー

・型にクッキングペーパーを敷いておきます。

・薄力粉とココアは計量して、ひとつのボウルに入れておきます。

・オーブンは180度に予熱しておきます。

ーつくりかたー

① チョコとバターをボウルに入れて湯煎で溶かします。

② 別のボウルで、たまごときび糖を泡立てます。

③ ①のボウルに②を1/3量くらい入れてしっかり混ぜて、②のボウルに入れます。

④ そこへ薄力粉とココア、塩をひとつまみふるい入れ、ヘラで下からすくうように混ぜます。

⑤ ラム酒を加え、軽く混ぜたら、生地を型に流し入れます。

⑥ 予熱したオーブンの下段で170度20分焼きます。

⑦ 焼けたら飾り用のチョコを乗せて、オーブン庫内に戻します。

⑧ オーブン庫内の余熱でチョコが溶けたら、ヘラやカードでケーキ表面に伸ばします。

⑨ 冷めてチョコが固まったら出来上がり。

① チョコとバターを湯煎で溶かします。

② たまごときび糖をもったりするまで
泡立てます。

③ ②の1/3を①に入れて混ぜたら、
全体を②に戻して混ぜあわせます。

④ 薄力粉、ココア、塩ひとつまみを入れたら
ヘラで混ぜあわせます。

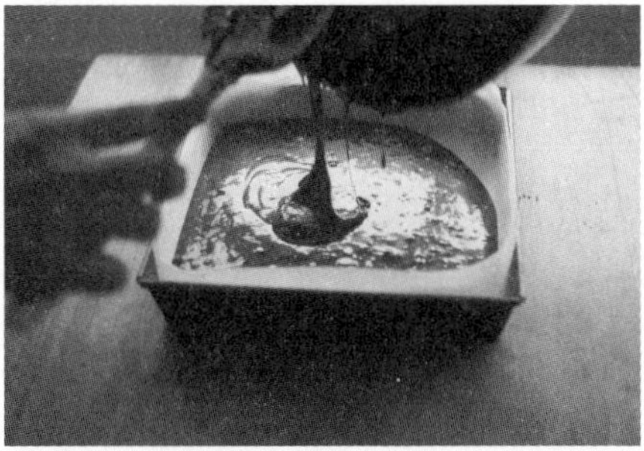

⑤ 型に生地を入れたら表面をなめらかに
整えてオーブンへ。

⑦ 焼き上がったらすぐにチョコレートを
乗せ、もう一度オーブンに戻して余熱で
チョコを溶かします。

フランス産 オーガニックミルクチョコレート

お店で使っているこのチョコレート、お客さまにも「おいしい」と評判です。
薄い半円形でパンやお菓子にも使い易く、牛乳と一緒に溶かせば、
簡単に美味しいホットチョコレートです。
そのまま食べても おいしいので、つまみ食いがとまらなくなります。

オーブン庫内の予熱で
溶けたチョコレートをカードで
伸ばすだけ、仕上げも
あっという間です。

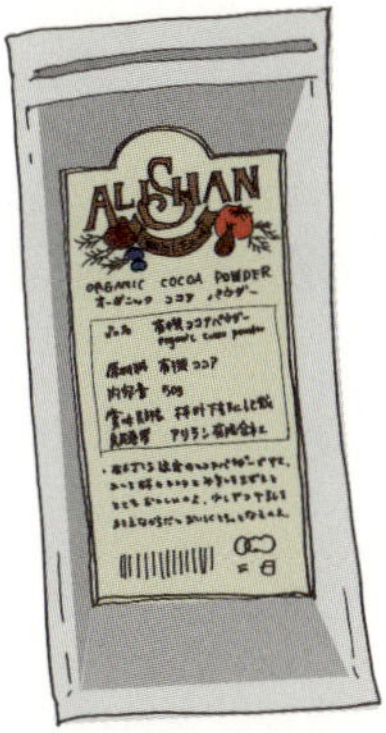

生地に使うオーガニックの
ココアパウダー。
お花のようないい香り。

お店でお持ち帰り用の
チョコレートケーキをお出しする時は
ひと切れずつ包みます。

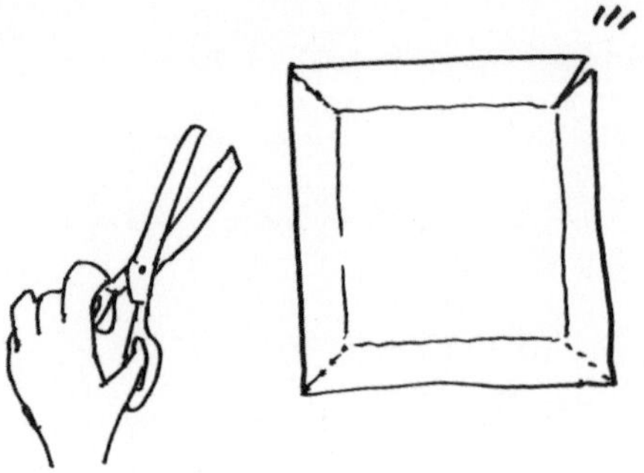

18cmの正方形の型を使いました。
型をひっくり返したところへ同じくらいの
大きさに切ったクッキングペーパーをあてて
角をつまみ、四っ角にハサミで切れ込みを
入れ、型に敷きます。

MEMO

・このレシピでは、ベーキングパウダーを使っていないので、たまごときび糖をしっかり泡立てることがポイントです。

・生地を混ぜあわせる時、混ぜムラが残らないようにしっかり混ぜて下さい。

・生地の仕上げにラム酒を入れると、つやが出ます。

・焼き上がって、粗熱がとれたら型から出して網の上などに置いて、表面のチョコレートが固まるまで冷まします。

17

ほんのりラムが香る
アーモンドクリームを、
たっぷり詰めました。

ガレットデロワ

ガレットデロワ

直径18cmのパイ皿1台分

パイ生地とアーモンドクリームを作って、組み立てて仕上げます。

＊パイ生地　P.94を参照に用意します。

アーモンドクリーム

－材料－

- アーモンドプードル　50g
- きび糖　50g
- 発酵バター　50g
- たまご　1こ
- ラム酒　小さじ1

－つくりかた－

① バターを常温に戻します。

② バターときび糖を白っぽくなるまで泡立て器でよく混ぜます。

③ たまごを入れてさらに混ぜます。

④ アーモンドプードルを入れ、よく混ぜます。

⑤ 最後にラム酒を加え、軽く混ぜて出来上がり。冷凍保存できます。

① バターを薄く切ってボウルに
貼りつけます。

② 柔らかくなったバターときび糖を
白っぽくなるまでよく混ぜます。

④ アーモンドプードルをふるい入れます。

⑤ ラム酒を加えて軽く混ぜたらアーモンド
クリームの完成。

✿ガレットデロワの組み立て✿

—材料—

・溶きたまご

・粉糖（和三盆糖）適宜

—下準備—

・オーブンを230度に予熱しておきます。

—つくりかた—

① パイ生地を半分に切り、18cmの型より少し大きく伸ばします。
残りの半分は、すぐにラップに包んで冷蔵庫へ。

② 伸ばしたパイ生地にパイ皿をふせて置き、ナイフで
切り取り、クッキングペーパーを敷いた天板の上に置きます。

③ 切り取った丸いパイ生地の周り1.5cmくらい空けて
アーモンドクリームを平らに乗せます。

④ アーモンドクリームの周りに溶きたまごを塗ります。

⑤ もう半分のパイ生地も同じように丸く切り抜きます。

⑥ ④に⑤を重ねます。

⑦ 上下の生地を指で接着させながら、ナイフで切り込みを
入れます。

⑧ 表面に溶きたまごを塗り、ナイフで模様を入れます。

⑨ 予熱したオーブンに入れ、200度で10分焼き、
180度に下げて35分焼きます。

⑩ 一度オーブンから取り出して、粉砂糖をかけます。

⑪ 220度で2〜3分、様子を見ながら焼き、表面が
パリパリになったら、できあがり。
網の上で冷まします。

② 伸ばしたパイ生地の上に伏せたパイ皿に沿ってナイフで切り取ります。

③ 1.5㎝くらい外周を空けて、アーモンドクリームを平らに乗せます。

④ フチに溶きたまごを塗ります。

⑤ パイ生地を指で密着させつつ、ナイフで切り込みを入れます。

⑧ 生地を切らないように、ナイフで卵を塗ったパイ生地の表面に葉っぱのモチーフを描きます。

⑩ 焼けたら粉糖をふって、さらに焼いて表面をカリッとさせます。

MEMO

・アーモンドクリームだけをマフィン型などに入れて焼いても、簡単で美味しいです。

・アーモンドプードルなど、ナッツ類は酸化しやすいので、冷凍庫で保存します。
粉花では、アーモンドプードルの分量の1/4をオーガニックの皮付きのものを使っています。

・余ったパイ生地は、細長く切って、お砂糖をふって焼いたシュガーパイや、
チーズをかけてスティックパイとして、美味しくいただけます。

おいしいポイント

粉花では、仕上げの粉砂糖に四国の和三盆を
使っています。ちょっとぜいたくですがやっぱりおいしい。
パイ生地の立ち上がりをよくするため、パイ生地の周囲に
溶きたまごをはみ出ないように気をつけて塗ります。
表面の和三盆が焼けてカリカリ、パイがサクサク、
アーモンドクリームがしっとり。
食感のハーモニーも楽しいお菓子です。
(お口に当たると危ないのでフェーブは入れていません。)

18

お口の中でホロッと崩れる
食感と和三盆のやさしい甘さ

和三盆とくるみの
スノーボールクッキー

和三盆とくるみのスノーボールクッキー

－材料－

・発酵バター　65g　　・薄力粉　100g

・きび糖　20g　　・和三盆糖　適宜

・くるみ　30g

－下準備－

・くるみは、160度の、オーブンでローストして冷まし、包丁で細かく刻みます。

・バターは薄く切ってボウルに貼り付け、室温で柔らかくしておきます。

・天板にクッキングペーパーを敷いておきます。

・オーブンを180度に予熱しておきます。

－つくりかた－

① 室温に戻したバターを、泡立て器でクリーム状に練ります。

② きび糖を入れてさらに混ぜ、刻んだくるみも入れてゴムベラなどに持ちかえて混ぜます。

③ 薄力粉をふるいながら半分くらい入れて、切るように混ぜます。

④ 残りの粉も加えて、粉が見えなくなるまで混ぜ、手でひとまとめにします。生地がベタついてきたら、ラップに包んで、いったん冷蔵庫で冷やします。

⑤ 生地をまな板の上などで半分に切り、それぞれ棒状にします。

⑥ 10gくらいずつ、手早くひとつひとつ丸め、天板に並べます。

⑦ オーブンで170度25分焼きます。

⑧ 焼けたら天板のまま少し冷まして、粗熱がとれたらひとつずつ和三盆糖をまぶしつけます。あたたかいうちにまぶすのがポイントです。

⑨ 完全に冷めたら、もう1度和三盆を上からふりかけて、できあがり。

下準備 / くるみは、粗めに刻むと
ザクザクした食感です。

② バター、きび糖、刻んだくるみを
加えて、混ぜます。

④ 薄力粉を加えたら、手で
ひとまとめにします。

⑤ だいたい半分くらいにしたものを、
棒状に伸ばします。

⑥ 10gずつに切ったものを
丸めます。

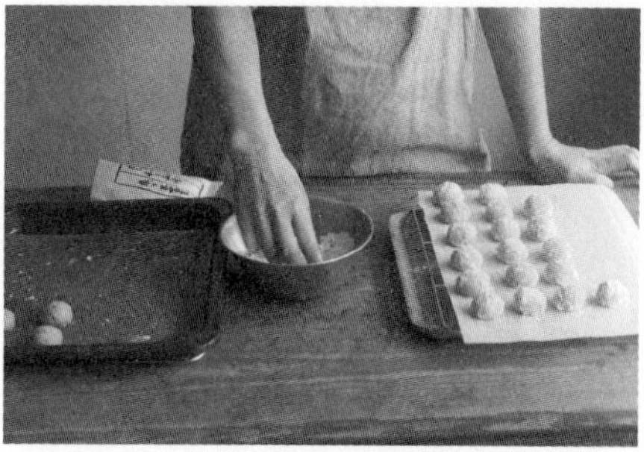

⑧ 焼けたクッキーが熱すぎると和三盆が
溶けてしまい、完全に冷めるとつきません。
ほんのり暖かいうちにまぶしましょう。

焼きあがりは、コロンとして可愛い感じ。

白く精製されていないやさしい甘さ、
丁寧につくられていることなどが
好きで、私は少し色のついた
阿波和三盆糖を使っています。

MEMO

- サクッ、ホロッ、とした食感で、和三盆のやさしい甘味と、くるみの香ばしさがお口の中に広がります。

- バレンタインの季節はココアのスノーボールクッキーを焼きます。ココア入りは、ココアパウダーを10g加え、薄力粉を10g減らします。

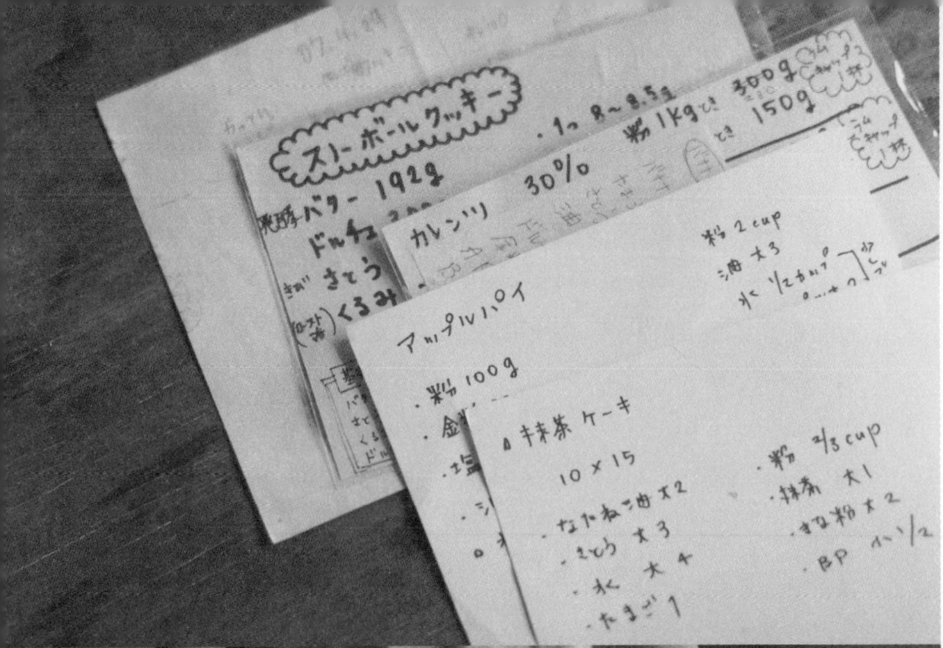
スノーボールクッキー
発酵バター 192g
カレンツ 30%
粉 1kgで 300g
150g
アップルパイ
粉 100g
粉 2 cup
油 大3
抹茶ケーキ
10×15
なたね油 大2
さとう 大3
水 大4
たまご 1
粉 2/3 cup
抹茶 大1
きな粉 大2
BP 小1/2

アリガトウ*

着者プロフィール

藤岡 真由美

東京都台東区生まれ。
独学で酵母を育ててパンやお菓子を
焼く日々を経て、2008年7月、浅草に
パン屋「粉花」をオープン。

粉花（このはな）
東京都台東区浅草3-25-6 平野ビル 1F
TEL 03.3874.7302
営業時間 10:30am～（売り切れ次第終了）
＊不定期でカフェも営業しています。
http://asakusakonohana.com/
facebook＝http://www.facebook.com/asakusakonohana

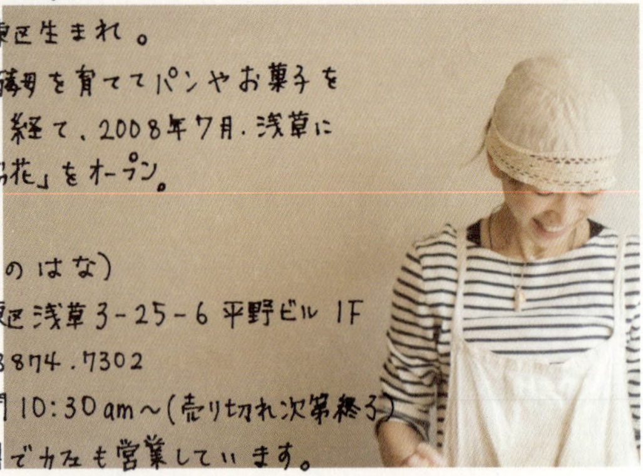

浅草観音裏のパン屋さん

粉花のおやつ

2013年10月15日 初版第一刷発行

著　者　藤岡 真由美

写　真　鍵岡 龍門
イラスト　スカダケイコ
ブックデザイン　熊谷 元宏〔knvv〕

発行者　森 弘毅
発行所　株式会社 アールズ出版
東京都文京区本郷 1-33-6 ヘミニスⅡビル 〒113-0033
TEL 03-5805-1781 FAX 03-5805-1780
http://www.rs-shuppan.co.jp

印刷・製本　中央精版印刷株式会社

ISBN978-4-86204-255-2 C0077